W0272251

Élisabeth de Rozières

LES RECETTES DE Babette

Préface de
JOËL ROBUCHON

Photos : Alexandre Réty

1

La Cuisine Antillaise

en 4 volumes

Éditions Didier CARPENTIER

à ma fille, Dominique

Si vous souhaitez faire dédicacer cet ouvrage, je vous attends avec plaisir à :
LA TABLE DE BABETTE
36, boulevard Robespierre - 78300 POISSY
01 39 65 52 52

REMERCIEMENTS

M. **Gohin**, Jardin de Laly à Maule (78580), *pour ses légumes et ses fruits d'une rare qualité.*
Véronique Aygues-Parsse Maison Kaola, 38 rue Poussin (75016) *pour sa belle vaisselle raffinée.*
La Table de Babette à Poissy (78300), gastronomie antillaise, *pour sa cuisine et son accueil d'exception.*
La boucherie **Vedy**, à Maule (78580), *pour la qualité exceptionnelle de ses produits.*

OÙ TROUVER LES PRODUITS EXOTIQUES À PARIS...

■ GOA
Supermarché exotique
151 bd de la Villette - 75010
01 40 36 40 37

■ TANG FRÈRES
Supermarché de produits asiatiques et exotiques
48 av. d'Ivry - 75013
01 45 70 80 00

■ SPÉCIALITÉS ANTILLAISES
Tous les produits des Antilles
14/16 bd de Belleville - 75020
01 43 58 31 30

...ET LES BONS COCKTAILS

■ LA DISTILLERIE
Bar-Restaurant
Spécialités afro-antillaises
50 rue du Faubourg Saint-Antoine - 75012
01 40 01 99 00

Vous venez d'acquérir cet ouvrage et nous vous en remercions vivement. Si vous désirez notre catalogue général gratuit, demandez-le à votre libraire ou autres points de vente sinon, écrivez-nous à l'adresse suivante :
Éditions Didier CARPENTIER 7, rue Saint-Lazare 75009 PARIS Fax: 01 42 82 91 99

Dépôt légal : septembre 2003 Imprimé en France par 4810 Impression. ISBN 2-84167-245-X

© Gérard BEDEAU

Préface

Lorsque l'on pousse la porte de la maison de Babette à Poissy, on est tout de suite au pays du soleil.

Babette, originaire de la Guadeloupe, mijote une cuisine qui dévoile la grande richesse de son île natale.

La Guadeloupe ressemble à un grand papillon qui se serait posé entre l'océan Atlantique et la mer des Caraïbes. La splendeur des plages et des anses, que vient baigner une mer sans pareille, et la richesse de sa flore en font un lieu privilégié qui possède un véritable patrimoine culinaire.

Tout au long des étapes de sa carrière de chef-cuisinier, que ce soit à Gosier, à Saint-Tropez, à Paris et maintenant à « la Table de Babette » à Poissy, Babette a su mettre en valeur ce patrimoine.

Dans le livre que vous allez découvrir, vous apprendrez à choisir au marché les véritables trésors qui sont nécessaires pour mitonner une cuisine authentique née de la rencontre de différentes cultures : Europe, Afrique, Asie, Amérique du Sud.

Les recettes créoles de Babette fleurent bon les saveurs de colombo, de cannelle, de gingembre et de vanille, assaisonnées de joie, de gaieté, de bonheur et de soleil.

Je vous invite à lever un verre du fameux punch de Babette et à vous lancer dans un voyage culinaire qui parle à l'imagination.

Joël Robuchon

Gastronomiquement vôtre

Soupe de poissons et crustacés

pour 4 personnes

3 kg de poissons variés et crustacés des îles :
200 g de dorade coryphène
1 poisson-chat
1 barbet rouget
1 grande gueule
200 g de requin
1/2 langouste
4 gambas
1 lambi
1 chatrou (pieuvre)

4 tomates bien mûres
4 citrons verts
2 cs de concentré de tomates
2 gros oignons
6 gousses d'ail
2 cs d'huile d'olive
1 cube de bouillon de poissons et crustacés
1 piment antillais
1 râpure de gingembre*
2 brins de coriandre
2 pieds de cive
2 brins de persil plat
2 brins de thym
2 feuilles de laurier
4 clous de girofle
Croûtons à l'ail
Sel et poivre

■ Ecaillez, nettoyez, lavez à grande eau et citronnez les poissons et crustacés puis réservez.
■ Dans un faitout rempli de 3 litres d'eau, laissez cuire à gros bouillons les herbes hachées grossièrement pendant 5 mn.
■ Plongez les poissons, les crustacés et tous les autres ingrédients. Salez, poivrez et laissez mijoter 40 mn à feu doux.
■ Passez ensuite le tout au tamis afin de séparer le jus de cuisson. Réservez.
■ Ôtez les arêtes des poissons et conservez la chair ainsi que les morceaux de langouste et les gambas entières.
■ Réservez 1/4 des poissons, du lambi, du chatrou et des crustacés (morceaux de langouste et gambas). Mixez les 3/4 restants. Incorporez la purée ainsi obtenue au jus de cuisson et remettez cette préparation sur le feu.
■ Faites cuire à feu doux et incorporez-y le piment entier sans l'éclater.
■ Rectifiez l'assaisonnement, ajoutez le concentré de tomates et laissez cuire 10 à 15 mn à feu doux.
■ Passez la préparation au tamis pour récupérer le jus sans le piment.
■ Terminez la cuisson en incorporant l'huile d'olive et le jus des citrons verts. Déposez les morceaux de poissons et de crustacés dans le jus.
■ Servez chaud avec des croûtons aillés et de la coriandre fraîche émincée.

* *« Une râpure de gingembre » signifie un zeste de gingembre épluché d'une longueur d'environ 3 à 4 cm à l'aide d'un économe.*
Vous pouvez utiliser les poissons de votre choix pour cette recette.

Soupe de giraumon

pour 4 personnes

1 giraumon de 2 kilos
200 g de lardons
1 brin de céleri
2 carottes
1/4 de chou vert
1 oignon

1 cs d'huile d'olive
1 noix de beurre doux
1 cs de crème fraîche
1 pointe de piment
1 brin de thym
Sel et poivre

*En Europe, **le giraumon** porte le nom de « potiron » ou « citrouille » : il s'agit du même produit.*

À quoi reconnaît on un poisson frais ?
Examinez l'œil : il doit être luisant, clair et bien positionné dans sa cavité orbitale.
Des ouïes rouge très vif et des écailles brillantes et solides qui adhèrent à la chair sont des signes de fraîcheur. La chair doit être ferme au toucher.

■ Coupez la tête du giraumon, creusez-le et hachez la chair en gros dés.
■ Faites-la cuire ensuite à feu vif dans 1/2 litre d'eau.
■ Incorporez les épices, les légumes et le thym. Laissez cuire 1/2 heure.
■ À l'aide d'une écumoire, égouttez le giraumon et les légumes, et passez-les au presse-purée.
■ Incorporez la moitié du jus de cuisson à la purée, salez, poivrez puis ajoutez le beurre et l'huile d'olive et mélangez le tout.
■ Rectifiez l'assaisonnement et terminez par 1 cs de crème fraîche épaisse et une pointe de piment.
■ Versez la soupe dans le giraumon creusé en marmite. Servez chaud avec des croûtons et des lardons préalablement cuits et bien dorés.

Soupe de poissons

Acras de morue

pour **4** personnes

300 g de morue sèche et salée
1 oignon
4 gousses d'ail
1 litre d'huile de friture
1/2 litre de lait entier
1 piment antillais
4 pieds de cive
1 brin de persil plat
300 g de farine
1/2 paquet de levure chimique

La morue

■ L'avant-veille, coupez la morue en gros morceaux et faites-la griller de chaque côté pendant 10 mn environ. Plongez-la dans de l'eau froide puis rincez-la et laissez reposer pendant 24 heures.

■ Dans un faitout, couvrez-la d'eau et faites-la cuire pendant 30 mn pour la dessaler. Retirez-la et laissez-la reposer dans de l'eau froide puis nettoyez-la. Ensuite, ôtez la peau, les arêtes et émiettez-la finement à la main.

La pâte

■ La veille, hachez finement l'ail, le persil, l'oignon et les 4 pieds de cive. Dans un saladier, mélangez la farine et le lait jusqu'à ce que la pâte soit homogène. Ajoutez les épices hachées et une pointe de piment. Incorporez ensuite la morue émiettée. Remuez le tout énergiquement et laissez reposer 3 heures au moins (il est préférable de laisser reposer la pâte 24 heures : les acras seront plus légers). Quelques minutes avant la réalisation des acras, ajoutez la levure et rectifiez l'assaisonnement en ajoutant éventuellement un peu de cive, d'oignon, de piment hachés et une pointe de sel.

■ Mettez l'huile dans une casserole. Lorsqu'elle est bien chaude, déposez la pâte pour faire vos acras par petites cuillères à café. Dès que ceux-ci sont bien dorés, déposez-les sur du papier absorbant et servez chaud.

Conseils pratiques

■ Lorsque vous achetez votre morue, choisissez-la bien sèche, épaisse et salée.

On sert en général les acras de morue avec du ti-punch ou du planteur.

La cive, *appelée aussi ciboule, peut être remplacée par de jeunes pousses d'oignons ou par de la ciboulette (ou civette) à raison de trois brins pour un pied de cive.*

Palourdes farcies

pour **4** personnes

12 palourdes
2 citrons verts
1 cs de beurre
1 litre de lait entier
1 pointe de piment
1 brin de coriandre
2 pieds de cive
1 brin de persil plat
1 brin de thym
60 g de pain rassis
1 cs de chapelure
Sel et poivre

■ La veille, faites tremper le pain dans le lait.

■ Lavez les palourdes à grande eau et brossez les coquilles jusqu'à ce qu'elles soient bien propres.

■ Mettez les palourdes dans une casserole, arrosez-les d'un verre d'eau et portez à ébullition pendant 5 à 6 mn. Laissez refroidir.

■ Détachez les palourdes de leur coquille et réservez-les.

■ Hachez finement la chair des palourdes au couteau et réservez.

■ Pressez le pain pour en extraire le lait, et émiettez-le si possible au mixeur.

■ Hachez finement les herbes.

■ Dans une cocotte, mettez le beurre et faites revenir les herbes à feu moyen. Ajoutez la chair des palourdes, le pain émietté, et mélangez tout doucement, à l'aide d'une cuillère en bois.

■ Salez, poivrez, ajoutez le jus des citrons verts et la pointe de piment. Laissez cuire 5 mn à feu doux.

■ La farce est prête.

■ Remplissez chaque coquille de farce. Saupoudrez de chapelure et faites gratiner à four chaud pendant 10 mn.

■ Servez chaud.

Acras de morue

Salade fraîche de cristophines

pour **4** personnes

4 grosses cristophines (vertes de préférence)
1 orange
1/2 citron vert
2 échalotes
2 gousses d'ail
2 cs d'huile d'arachide
2 cs de vinaigre de canne à sucre ou d'alcool
2 brins de coriandre
2 pieds de cive
Sel et poivre
1/2 litre d'eau

La cristophine *est une variété de courge originaire du Mexique, également appelée chayotte en Europe et chouchou à la Réunion. Il en existe 2 variétés courantes : la cristophine verte et l'ivoire.*
On en récolte également dans le sud de la France.

Cette salade est très diététique.
Elle convient parfaitement à un régime amincissant.

- Coupez les cristophines en deux dans le sens de la longueur et lavez-les.
- Dans une casserole, versez l'eau, salez et ajoutez les cristophines. Laissez cuire pendant 1/2 heure.
- Égouttez-les puis laissez-les bien refroidir.
- Épluchez les cristophines et coupez la chair en petits dés. Réservez dans un saladier.
- Hachez finement les échalotes, l'ail, les 2 pieds de cive et la coriandre, et versez-les dans un bol avec l'huile, le sel et le poivre. Ajoutez le vinaigre, le jus de citron et le jus d'orange. Mélangez le tout à l'aide d'une spatule en bois puis nappez la chair des cristophines de cette sauce.
- Conservez au réfrigérateur et servez très frais.

Tourte au chatrou

pour **4** personnes

1 moule à manqué
400 g de chatrou (pieuvre)
5 œufs
2 tomates
2 citrons verts
2 oignons
2 gousses d'ail
2 cs d'huile d'arachide
60 g de fromage râpé
3 dl de lait entier
1 pointe de piment
1 pincée de muscade
2 pieds de cive
1 brin de persil plat
1 brin de thym
250 g de pâte brisée salée
Sel et poivre
1/2 litre d'eau

- Lavez le chatrou à l'eau citronnée.
- Dans une cocotte, faites chauffer l'huile ; lorsqu'elle est bien chaude, versez-y la chair de chatrou préalablement coupée en petits morceaux ainsi que les oignons, les herbes hachées et les épices. Faites revenir à feu vif pendant 10 mn en remuant de temps en temps.
- Ajoutez ensuite les tomates et 1/2 litre d'eau ; salez, poivrez, pimentez, et laissez cuire 30 à 40 mn.
- Lorsque le jus est presque réduit, éteignez le feu et laissez refroidir.
- Hachez de nouveau le chatrou au couteau.
- Préchauffez le four à 200° (th. 7).
- Beurrez et farinez le moule à manqué. Étalez la pâte et disposez-la dans le moule ; piquez-la à l'aide d'une fourchette, puis disposez la chair de chatrou.
- Dans un bol, cassez les œufs, ajoutez le lait, le poivre, la muscade, une pointe de sel et mélangez énergiquement.
- Versez lentement la préparation dans le moule.
- Parsemez de fromage râpé, ajoutez une pincée de persil haché et faites cuire la tourte pendant 20 mn à four moyen.
- Vérifiez la cuisson en plongeant la lame d'un couteau dans la tourte : si elle ressort propre, c'est que la tourte est cuite. Servez chaud.

Salade fraîche de cristophines

Guacamole

pour **4** personnes

2 gros avocats antillais
(ou 5 petits avocats)
1 citron vert
2 oignons
2 gousses d'ail
2 cs d'huile d'arachide
1 piment antillais
2 brins de coriandre
Sel et Poivre

- Videz la chair des avocats et passez-la au mixeur.
- Ajoutez immédiatement le jus de citron vert pour éviter que la chair ne noircisse.
- Incorporez l'ail, les oignons finement hachés, la coriandre, 1 pointe de piment et l'huile dans la préparation. Repassez au mixeur pendant 5 mn de façon à obtenir une pâte onctueuse et lisse. Salez et poivrez. Mettez au réfrigérateur 1 à 2 heures.
- Servez avec des croûtons aillés ou sur un lit de tomates et de concombres épicés.

Pastels au poisson

pour **4** personnes

La pâte

1 cs d'huile d'arachide
400 g de farine
(+ 20 g pour le plan de travail)
1 cc de levure chimique
Sel

- Dans un saladier, mélangez la farine, le sel et la levure puis ajoutez l'huile et un peu d'eau pour que la pâte soit ferme. Pétrissez et formez une boule, puis laissez reposer 2 à 3 heures.
- Pétrissez ensuite doucement la pâte pendant 10 à 15 mn. Étalez-la, sur un plan de travail préalablement fariné, afin d'obtenir une pâte très fine.
- À l'aide d'un emporte-pièce (ou d'un verre), découpez des petits disques d'environ 10 cm de diamètre et réservez.

La farce

200 g de thon frais
1 oignon
1 échalote
1 citron vert
2 gousses d'ail
2 cs d'huile
1 pied de cive
Persil plat, thym, piment

- Nettoyez le thon, enlevez la peau et hachez finement sa chair.
- Dans une cocotte bien chaude, mettez l'huile et incorporez le thon. Mélangez délicatement.
- Hachez finement les herbes, l'oignon, l'ail, l'échalote et ajoutez-les au poisson.
- Salez, poivrez, puis ajoutez une pointe de piment haché et le jus du citron. Remuez et laissez mijoter 2 à 5 mn à feu très doux. La farce doit être ferme en fin de cuisson, débarrassée de jus.

La sauce

2 tomates
1 poivron rouge
2 oignons
1 citron vert
2 gousses d'ail
2 cs d'huile d'arachide
1 pointe de piment
1 brin de persil plat
1 brin de thym
1 verre d'eau

- Dans une casserole, faites revenir dans l'huile les tomates, le poivron, les oignons coupés en gros dés. Ajoutez le persil, l'ail et le thym hachés ainsi que la pointe de piment. Remuez le tout. Ajoutez un verre d'eau et laissez cuire à feu doux pendant 10 mn.

Le pastel

- Disposez un peu de farce sur les disques de pâte, repliez en deux et fermez les bords à l'aide d'une fourchette. Faites-les frire quelques minutes dans un bain d'huile. Lorsqu'ils sont dorés, égouttez-les et posez-les sur du papier absorbant.
- Servez accompagné de la sauce chaude.

Il est possible de confectionner des pastels avec d'autres poissons et crustacés décortiqués ainsi que de la viande de volaille et des légumes.

Guacamole

Pâtés doudou au crabe

pour **4** personnes

300 g de chair de crabe
1 œuf
1 oignon
2 gousses d'ail
2 cs d'huile d'arachide
1 piment antillais
4 pieds de cive
1 brin de thym
1 brin de persil plat
20 g de farine
500 g de pâte feuilletée
Sel et poivre

- Préchauffez le four à 220° (th. 8).
- Hachez très finement les pieds de cive, le thym, l'oignon, le persil et l'ail. Passez la chair du crabe au mixeur et réservez.
- Dans une casserole, à feu doux, faites revenir les herbes dans l'huile sans cesser de remuer.
- Incorporez la chair du crabe, mélangez et laissez cuire 5 mn. Ajoutez une pointe de piment, salez et poivrez. Laissez refroidir et réservez.
- Étalez la pâte feuilletée sur un plan de travail préalablement fariné.
- Coupez à l'emporte-pièce des petits ronds d'environ 6 cm de diamètre ou des rectangles. Posez de la farce sur chaque rond ou rectangle, puis appliquez une autre pièce sur le dessus.
- Scellez les bords du pâté à l'aide d'une fourchette.
- Déposez les petits pâtés doudou sur une plaque à pâtisserie légèrement beurrée.
- Battez le jaune d'œuf et, à l'aide d'un pinceau, badigeonnez la surface de chaque petit pâté pour qu'ils soient bien dorés à la cuisson
- Faites cuire pendant 25 mn dans le four moyen et servez chaud.

Le pâté doudou peut se réaliser avec du porc, du bœuf, de la volaille ou du poisson, selon votre goût et votre choix.

Rougail ou souskaï de mangues vertes
à la coriandre

pour **4** personnes

3 mangues Julie *vertes*
(ou 3 mangues bien charnues)
2 citrons verts
1 échalote
2 gousses d'ail
1 cs d'huile d'arachide
1 piment antillais
2 brins de coriandre
Sel et poivre

- Épluchez les mangues et coupez-les profondément sur les deux faces jusqu'au noyau de manière à récupérer la chair très facilement. Coupez cette chair en petits dés* et réservez dans un saladier.
- Hachez finement l'ail, l'échalote, la coriandre et une pointe de piment antillais. Écrasez-les ensuite, au pilon, en y ajoutant le jus des citrons, l'huile, le sel et le poivre. Vous obtiendrez une pâte onctueuse et parfumée.
- Incorporez-la aux dés de mangues et mélangez lentement pendant 10 mn de manière à bien imbiber la chair des mangues de la préparation épicée. Réservez au réfrigérateur pendant 15 à 30 mn et servez frais.

* *Vous pouvez aussi couper les mangues en fines lamelles, selon votre goût.*

Pâtés doudou au crabe

Salade de patates douces

à la vinaigrette de citron

pour **4** personnes

1 kg de patates douces
1 orange
1 citron vert
1 gousse d'ail
4 cs d'huile d'olive
1 brin de coriandre
2 pieds de cive
1 brin de persil plat
Sel et poivre

■ Lavez et épluchez les patates douces. Plongez-les dans 1 litre d'eau bouillante et laissez cuire 20 mn à gros bouillons. Égouttez-les et laissez refroidir.

■ Coupez les patates en rondelles ou en petits dés.

■ Dans un saladier, versez l'huile d'olive, la cive, la coriandre, le persil, l'ail finement hachés. Ajoutez le sel, le poivre, le jus du citron et de l'orange. Mélangez le tout très soigneusement et incorporez la patate douce. Servez frais ou tiède, selon votre goût, sur un lit de salade verte.

Boudin de lambi

pour **4** personnes

5 m de boyau de porc
3 kg de lambi (ou bulots)*
1 citron vert
2 oignons
4 gousses d'ail
3 cs d'huile d'arachide
200 g de graisse de porc ou saindoux
1 litre de lait entier
1 piment antillais
1 cc de « 4 épices »
6 brins de cive
1 brin de persil plat
3 clous de girofle pilés
1/4 cc de canelle en poudre
1 cc de bois d'Inde moulu (ou poivre)
250 g de pain rassis
Sel

■ La veille, mettez le pain à tremper dans 2 litres d'eau fraîche.

■ Hachez finement les herbes et mélangez-les aux épices.

■ Lavez et nettoyez les lambis, puis coupez-les en petits dés. Passez la chair au mixeur.

■ Lavez le boyau de porc à grande eau et assurez-vous qu'il n'est pas percé en soufflant dedans. Arrosez-le d'un jus de citron. Réservez.

■ Dans une grande cocotte, versez la graisse de porc (ou le saindoux). Ajoutez les herbes hachées très finement, le bois d'Inde, les clous de girofle pilés, les « 4 épices », la canelle et faites revenir le tout à feu doux en remuant doucement (ne laissez pas roussir). Versez les lambis et laissez cuire pendant 15 mn.

■ Égouttez le pain, émiettez-le et ajoutez-le à la préparation.

■ Mélangez avec soin et passez le tout au mixeur.

■ Hors du feu, ajoutez le lait et mélangez pour obtenir une farce homogène.

■ Rectifiez l'assaisonnement selon votre goût en ajoutant sel et piment.

■ Laissez reposer la farce pendant 10 mn.

■ À l'aide d'un entonnoir, remplissez le boyau. Attachez-le avec une ficelle tous les 10 cm et réservez.

■ Dans une grande casserole, portez à ébullition 2 litres d'eau légèrement salée et poivrée, puis plongez-y la brasse de boudin. Baissez le feu et laissez cuire 15 mn dans l'eau frémissante. Piquez le boyau si nécessaire pour laisser s'échapper les bulles d'air.

■ Le boudin est cuit lorsqu'en piquant le boyau, il en sort de la graisse.

* ***Le lambi*** *est un gros coquillage des mers chaudes dont la chair rappelle le goût du bulot. Il a été pendant longtemps un outil de communication avant la popularisation de la radio, notamment pour annoncer les « morts » dans les campagnes.*
Avant de l'utiliser, il faut bien le nettoyer et le citronner. Battez-le pour l'attendrir puis hachez-le très finement au mixeur.

Salade de patates douces

Blaff de gombos

pour **4** personnes

800 g de gombos
(de préférence très jeunes et de petite taille)
3 citrons verts
1 échalote
2 gousses d'ail
2 cs d'huile d'arachide
1 piment antillais
2 pieds de cive
1 brin de persil plat
1 brin de thym
Sel et poivre

▪ Lavez les gombos et coupez les pointes très légèrement.

▪ Dans une casserole, mettez l'eau et un bouquet garni (thym, persil, 1 pied de cive). Salez et faites cuire pendant 10 à 12 mn à gros bouillons. Puis retirez les gombos qui doivent être encore fermes. Déposez-les dans un plat à servir. Réservez le jus de cuisson.

▪ Hachez au couteau la cive, l'échalote, le persil et l'ail. Mettez-les dans un saladier. Ajoutez l'huile, les épices, le jus des trois citrons, une pincée de sel et de poivre, une pointe de piment, puis 2 grands verres de jus de cuisson très chaud.

▪ Recouvrez et laissez infuser. Puis versez cette sauce sur les gombos et servez froid ou tiède selon votre goût.

Le blaff est un mode de cuisson. Le fait de laisser tomber les gombos dans la sauce évoque un petit bruit : blaff !

Blaff de palourdes

pour **4** personnes

12 palourdes
4 citrons verts
4 gousses d'ail
3 pieds de cive
(ou 8 brins de ciboulette)
2 brins de thym
2 brins de persil plat
1 piment antillais
1/2 litre d'eau
Sel et poivre

▪ Lavez et brossez bien les palourdes à grande eau de manière à ce que les coquilles soient très propres.

▪ Dans une casserole, mettez l'eau, les herbes en forme de bouquet et le piment entier (sans l'éclater). Portez à ébullition sur feu moyen et jetez-y les palourdes. Salez si nécessaire, poivrez et laissez cuire pendant 10 à 12 mn*.

▪ Passez l'ail au presse-ail et pressez les citrons verts. Mélangez l'ail au jus des citrons.

▪ Hors du feu, ajoutez le mélange (ail/citron) à la préparation. Servez chaud.

** La chair de la palourde des Antilles étant plus tendre, le temps de cuisson est d'environ 5 à 10 mn. À défaut de palourdes, cette recette peut se réaliser avec des coques.*

Aux Antilles, on utilise des palourdes de terre plus goûteuses, à défaut des palourdes de mer.
En métropole, il est conseillé de réaliser cette recette avec des palourdes de taille moyenne (jeunes palourdes).

Blaff de gombos

Bourguignon roussi aux épices brûlantes

pour **4** personnes

1 kg de bourguignon
1/2 poivron vert
1/2 poivron rouge
2 pommes de terre (facultatif)
3 carottes
200 g de riz thaï
2 oignons
2 échalotes
2 gousses d'ail
3 cs d'huile d'arachide
1 cs de vinaigre de vin
1 cs de sauce Maggi
1 cs de fond de veau
1 piment antillais
1 râpure de gingembre
4 pieds de cive
1 brin de persil plat
2 feuilles de bois-d'Inde
1 brin de thym
Clous de girofle
1 cs de sucre de canne
1 pincée de cumin
Sel et poivre

■ Coupez la viande en dés. Dans un saladier, malaxez la viande avec l'huile, le sel, le poivre, le cumin, le vinaigre et une gousse d'ail écrasée. Laissez mariner 24 heures.

■ Dans une cocotte, faites caraméliser 1 cs de sucre de canne dans de l'huile. Ajoutez la viande et faites-la dorer doucement pendant 4 à 5 mn en l'arrosant de temps en temps de « gouttes » d'eau.

■ Incorporez les oignons, les 4 pieds de cive, les échalotes, l'ail haché, le gingembre râpé, le thym émietté, le persil, les clous de girofle pilés et une pincée de poivre. Faites dorer encore pendant 10 mn à feu vif, toujours en arrosant avec un peu d'eau et en remuant doucement avec une cuillère en bois. Ajoutez les feuilles de bois-d'Inde (ou de laurier) et une pointe de piment antillais.

■ Ajoutez la sauce *Maggi*, 1/2 litre d'eau et le fond de veau préalablement dilué à l'eau. Incorporez ensuite les carottes et les pommes de terre entières, épluchées. Laissez mijoter à couvert pendant 40 mn à feu moyen. Rajoutez un peu d'eau si nécessaire et rectifiez l'assaisonnement. 5 mn avant la fin de la cuisson, ajoutez les poivrons coupés en lamelles.

Présentation

Dans une assiette, disposez les morceaux de viande et nappez de la sauce de cuisson. Décorez avec le persil, les carottes, les pommes de terre, les lamelles de poivrons et un piment entier. Servez le riz à part.

Accompagnement : *Riz créole* (voir recette p. 55).

Sauté de cabri

pour **4** personnes

*1 kg de cabri ** *(chevreau ou chèvre)*
1 citron vert
1 échalote
3 gousses d'ail
2 cs d'huile d'arachide
1 cs de beurre rouge (ou concentré de tomates)
1 piment antillais
3 pieds de cive
1 brin de thym
2 feuilles de laurier
1 brin de persil plat
Sel et poivre

* *Le cabri étant une viande très ferme, il nécessite parfois un temps de cuisson un peu plus long.*

■ Coupez la viande en petits morceaux. Faites-la macérer la veille avec une pointe de sel, du poivre et 2 gousses d'ail écrasées. Mettez une cocotte sur le feu. Ajoutez l'huile et lorsqu'elle est bien chaude, déposez les morceaux de viande. Faites-les revenir à feu vif pendant 10 mn en remuant énergiquement, souvent, et en arrosant de temps en temps avec quelques « gouttes » d'eau.

■ Ajoutez le beurre rouge, le thym, le laurier, la gousse d'ail, l'échalote, les pieds de cive, le brin de persil préalablement hâchés au couteau. Recouvrez d'eau, salez, poivrez et laissez mijoter 30 à 40 mn sur feu doux et à couvert.

■ Surveillez bien la cuisson. Rajoutez de l'eau si nécessaire et rectifiez l'assaisonnement en ajoutant sel et poivre.

■ Terminez la cuisson par le jus de citron et une pointe de piment. Servez chaud avec du riz créole.

Bourguignon roussi

Blaff de porc salé à la purée d'igname

pour **4** personnes

350 g de queue de porc salée (environ 4 queues)
350 g de museau de porc
1 igname d'environ 800 g
1 carotte
1 navet
1/2 choux vert
2 oranges
1 citron vert
1 oignon
6 gousses d'ail
2 cs d'huile d'arachide
2 cs de beurre
2 cs de crème fraîche épaisse
1 piment antillais
3 pieds de cive
1 brin de thym
Persil plat
Sel et poivre

■ Épluchez les légumes (carotte, navet, chou vert) et coupez-les grossièrement ainsi que l'oignon, la cive, le thym et le persil.

Blaff de viandes

■ Coupez en morceaux la viande puis mettez-la à dessaler toute la nuit dans une bassine d'eau.
■ Dans une cocotte, mettez la viande préalablement dessalée. Ajoutez les légumes lavés et coupés en gros dés. Laissez cuire à gros bouillons pendant 15 à 20 mn à couvert.
■ Vérifiez la cuisson. Si nécessaire, laissez encore cuire 10 mn selon que vous aimez la viande très cuite ou pas. 5 mn avant d'arrêter le feu, ajoutez le chou qui doit rester craquant, et refermez la cocotte.

Purée d'igname

■ Épluchez et découpez l'igname en morceaux. Faites-la cuire dans de l'eau salée (comme pour des pommes de terre) et passez-la au moulin à légumes.
■ Dans une casserole, mélangez sur le feu l'igname avec du beurre et de la crème fraîche.
■ Salez et poivrez. Si la purée est consistante, rajoutez du lait entier pour l'alléger. Rectifiez l'assaisonnement si nécessaire.

Sauce

■ Dans un saladier, mélangez la cive, l'oignon, le thym, le persil, un petit morceau de piment, le jus du citron et des oranges, une louche de jus de cuisson chaud, l'ail et l'huile. Recouvrez de film transparent et laissez infuser.

Présentation

Dans une assiette, disposez la purée d'igname, puis les viandes par-dessus et nappez de sauce.

Mignon de porc au gingembre et à l'ananas

pour 4 personnes

500 g de filet mignon de porc
1 ananas
1 citron vert
1 oignon
1 échalote
2 gousses d'ail

100 g de beurre doux
3 cs de vinaigre de vin
10 cl de vinaigre aux fruits de la passion
1 piment antillais
1 bouillon « Kub »

1 cs de curry jaune
3 râpures de gingembre
1 brin de coriandre
1 cs de miel (de votre choix)
Sel et poivre

■ Ôtez la membrane fine du filet de porc à l'aide de la pointe d'un couteau.
■ Coupez la chair en rondelles pas trop épaisses.
■ Coupez l'ananas préalablement épluché en bâtonnets, émincez l'oignon et l'échalote. Coupez une râpure de gingembre en fines lamelles.
■ Dans une casserole, faites revenir au beurre les oignons et l'échalote pendant 1 à 2 mn. Ajoutez l'ananas. Remuez le tout et réservez.
■ Blanchissez* le gingembre dans 2 ou 3 eaux différentes puis réservez.
■ Dans la préparation de l'ananas, ajoutez le miel, l'ail, le piment, le curry et une lamelle de gingembre blanchi. Laissez cuire en remuant fréquemment. Salez et poivrez légèrement.
■ Mouillez avec le vinaigre de vin, ajoutez le jus du citron vert et laissez mijoter 5 mn à feu doux en y ajoutant 10 cl d'eau.
■ Pendant la cuisson de l'ananas, faites revenir dans une poêle, à feu vif, les morceaux de porc légèrement salés et poivrés. Lorsqu'ils sont bien dorés, réservez en les dressant sur une assiette.
■ Ensuite, faites fondre le bouillon « Kub » dans 15 cl d'eau environ et réservez.
■ Déglacez** immédiatement la poêle de cuisson avec le vinaigre aux fruits de la passion.
■ Versez le bouillon dans la poêle, incorporez le reste de gingembre. Ajoutez la sauce ananas et laissez réduire de manière à obtenir une belle sauce onctueuse.
■ Dressez le filet mignon de porc et nappez-le de sauce et de morceaux d'ananas. Garnissez de coriandre et de gingembre frais.

* *Blanchir :* *faire cuire les légumes, à peine une minute dans l'eau bouillante.*

** *Déglacer :* *mettre le vinaigre dans la poêle chaude de manière à récupérer tout le sucre de la viande qui servira de bas à la sauce.*

Le porc *a été interdit en Haïti, si bien qu'il n'y a plus beaucoup d'élevages. Pour la haute bourgeoisie haïtienne, cette recette était considérée comme un plat de luxe.*

Dés de cochon roussis aux 5 épices, façon grand-mère

pour **4** personnes

1 kg de viande de porc avec couenne
(ou sans, selon votre goût)

Marinade

2 gousses d'ail
2 cs d'huile d'arachide
1 pincée de cumin
1 cs de vinaigre de vin
Sel et poivre

■ Coupez la viande en dés (les Antillais n'en retirent pas la couenne). Dans un saladier, malaxez à la main la viande avec l'huile, le sel, le poivre, le cumin, les gousses d'ail écrasées et le vinaigre. Laissez mariner 8 heures minimum de manière à ce que les épices imprègnent bien la chair.

Préparation

200 g de riz thaï
2 oignons
2 échalotes
1 gousse d'ail
2 cs d'arôme Patrelle*
1 cs de fond de volaille
1 pointe de piment
1 râpure de gingembre
1/2 cc de « 4 épices »
4 pieds de cive
1 brin de persil plat
1 brin de thym
2 feuilles de bois-d'Inde (ou de laurier)
2 clous de girofle pilés
Sel et poivre

■ Dans une cocotte, incorporez l'arôme *Patrelle* dans l'huile. Ajoutez la viande, puis remuez doucement pendant 4 à 5 mn pour que la viande soit bien dorée.

■ Incorporez les oignons, les 4 pieds de cive, les échalotes et l'ail hachés, le gingembre râpé, le thym émietté, le brin de persil, les clous de girofle pilés, les « 4 épices » et le poivre.

■ Faites dorer pendant 10 mn à feu vif en remuant constamment. Ajoutez une feuille de bois-d'Inde (ou de laurier) et un peu de piment antillais. Diluez le fond de volaille dans 1/2 litre d'eau. Recouvrez-en la viande et laissez mijoter à feu doux pendant 40 mn. Épaississez la sauce si nécessaire avec 1 cc de *Maïzena* diluée dans un verre d'eau.

Présentation

Dans une assiette, disposez les morceaux de viande et nappez de sauce de la cuisson. Décorez de persil et d'un piment. Servez le riz à part.

Accompagnement : *Riz créole* (voir recette p. 55).

* *L'arôme* Patrelle *se trouve dans tous les rayons alimentation.*

Travers de porc caramélisés au miel

pour **4** personnes

2 kg de travers de porc
2 citrons verts
2 échalotes
3 gousses d'ail
3 cs d'huile
1 piment antillais
1 pincée de « 4 épices »
1 brin de thym
1 brin de persil plat
2 clous de girofle
3 cs de miel
(de votre choix)
Sel et poivre

■ Coupez les travers de porc en morceaux de 3 à 4 cm.
■ Disposez-les dans un saladier.
■ Ajoutez le sel, le poivre, le jus des citrons, l'huile et le piment, et laissez mariner 24 heures.
■ Faites préchauffer le four à 180° (th. 6).
■ Hachez finement les épices. Mettez-les dans un saladier.
■ Ajoutez le jus de la marinade, le miel, les « 4 épices », les clous de girofle préalablement pilés puis remuez le tout et réservez.
■ Enduisez les morceaux de travers de porc de ce mélange onctueux à l'aide d'un pinceau et disposez-les dans un plat.
■ Mettez au four et laissez cuire 15 mn en nappant régulièrement les travers de cette sauce épicée jusqu'à ce qu'ils caramélisent, sans les faire brûler.
■ En fin de cuisson, mettez le reste de la marinade sur les travers.
■ Laissez encore 5 mn au four. Servez chaud.

Accompagnement

Banane Plantain (voir page 50) *ou salade de riz froid* (voir page 55).

Fricassée de dinde à l'ananas

et sa petite purée de bananes vertes

pour **8** personnes

1 dinde de 3,5 à 4 kg
1 kg de bananes vertes
1 ananas
1 orange
2 citrons verts
1 oignon
2 échalotes
4 gousses d'ail
2 cs d'huile d'arachide
50 g de beurre
2 cs de crème fraîche épaisse
1 piment antillais
1 râpure de gingembre
3 pieds de cive
3 brins de thym
3 brins de persil plat
2 clous de girofle pilés
1 cs de sucre de canne
2 cs de miel
(de votre choix)
Sel et poivre

■ Découpez la dinde en morceaux de taille moyenne. ■ Faites-la macérer pendant 2 heures en y ajoutant le sel, le poivre et le jus d'un citron. ■ Dans une cocotte, mettez 1 cs d'huile et le sucre à caraméliser. ■ Une fois que le caramel se forme, mettez les morceaux de dinde et faites revenir à feu vif pendant 4 à 5 mn en remuant tout doucement et en l'arrosant peu à peu de quelques « gouttes » d'eau. ■ Lorsque la dinde est bien dorée, recouvrez d'eau. ■ Ajoutez le thym, le persil, l'oignon, les échalotes et l'ail préalablement hachés, les clous de girofle, le piment entier et laissez cuire pendant 1/2 heure à feu moyen, à couvert. ■ Épluchez l'ananas puis coupez-le en petits dés. ■ Mélangez le jus d'orange au jus du 2e citron. Réservez. ■ Dans une autre cocotte, mettez 1 cs d'huile et disposez les morceaux d'ananas. ■ Faites-les revenir à petit feu pendant 5 mn. ■ Ajoutez le miel et le jus de l'orange et du citron, le gingembre râpé et la cive coupée en gros bâtonnets. ■ Laissez mijoter 6 mn en y ajoutant un peu de jus de cuisson de la dinde jusqu'à ce que la sauce soit onctueuse et réservez. ■ Dans un plat, disposez les morceaux de dinde et nappez-les de la sauce. Servez chaud avec une purée de bananes vertes.

Purée de bananes vertes

■ Faites cuire les bananes vertes de la même manière que des pommes de terre : sans les éplucher, dans 1 litre d'eau salée, pendant 15 mn. Laissez-les ensuite refroidir, épluchez-les et passez-les au presse-purée. Réservez. ■ Dans une casserole, mettez le beurre et la crème fraîche. ■ Ajoutez la purée de bananes. Salez, poivrez et remuez énergiquement. ■ Si la purée est trop épaisse, ajoutez un peu de lait entier pour l'alléger. Servez chaud. ■ Cette recette est une autre façon de préparer la dinde de Noël.

Lorsque vous manipulez des bananes, il est nécessaire de huiler préalablement vos mains pour éviter que la sève ne noircisse durablement vos doigts.

Travers de porc

Poulet au citron vert

pour **4** personnes

1 poulet (1,5 kg)
10 citrons verts
Le zeste d'1 citron vert
10 oignons moyens
4 échalotes
4 gousses d'ail
4 cs d'huile d'arachide
2 cubes de bouillon de poule
1 piment antillais
1 râpure de gingembre
3 brins de thym
3 brins de persil plat
3 feuilles de laurier
1 cs de moutarde
Sel et poivre

Macération

■ Découpez le poulet en morceaux. Dans un récipient creux, disposez les morceaux. Salez. Poivrez. Ajoutez le jus de 6 citrons et remuez le tout, de temps en temps, afin que toute la chair soit imprégnée des épices. **(Temps de macération : 2 heures)**

Préparation

■ Hachez finement les épices et les herbes à l'exception des oignons et réservez. ■ Émincez les oignons. ■ Dans une sauteuse, mettez l'huile. Faites dorer les morceaux de poulet à feu doux en les arrosant, de temps en temps, avec le jus de la macération pendant 15 mn puis réservez. ■ Faites revenir ensuite les oignons. Salez. Poivrez. Ajoutez les cubes de bouillon écrasés (très fin), les épices, le jus de la marinade, le jus des 4 autres citrons, puis le zeste et le piment entier ■ Au premier frémissement, déposez les morceaux de poulet sur ce lit d'oignons translucides. ■ Recouvrez d'eau et laissez mijoter à couvert pendant 20 mn, sur feu très doux.

Je vous recommande d'accompagner ce poulet de riz (voir page 55) *ou d'une purée d'igname* (voir page 20).

Poulet à la crème et aux fruits exotiques

pour **4** personnes

4 blancs de poulet
2 bananes
2 kiwis
3 fruits de la passion
1 mangue
1 citron vert
6 à 8 raisins noirs
2 cs d'huile d'arachide
2 cs de beurre ramolli
1 cube de bouillon de poule
1 piment antillais
1 brin de coriandre
3 pieds de cive
1 brin de thym
1 brin de persil plat
2 cs de rhum vieux
1 cs de miel (de votre choix)
Sel et poivre

Crème

1 orange
1 oignon
1 gousse d'ail
1 cs d'huile d'olive
3 cs de crème fraîche épaisse
2 cs de vinaigre de Xérès
1 piment antillais
1pointe de cumin
1 râpure de gingembre
1/2 cc de Maïzena

Cette recette délicate se réalise en trois étapes :

1. Le poulet

■ Ôtez la peau et dégraissez les blancs de poulet. Salez et poivrez. ■ Dans une poêle, faites chauffer l'huile et le beurre à feu moyen. ■ Lorsque la poêle est très chaude, faites bien dorer les blancs de poulet 2 à 3 mn de chaque côté environ. ■ Préparez ensuite le bouillon de poule en diluant le cube dans 1/4 de litre d'eau. Réservez. Dans la poêle, ajoutez le bouillon ainsi que les pieds de cive, le thym, le persil, la coriandre et le piment préalablement hachés au mixeur. Laissez cuire à feu doux pendant 15 mn. ■ Lorsque les blancs sont bien cuits, réservez-les sur une assiette très chaude et conservez le jus de cuisson.

2. La crème

■ Dans un bol, mélangez la crème fraîche, la *Maïzena*, le jus d'orange, l'huile d'olive, la gousse d'ail finement hachée, l'oignon, le vinaigre de Xérès, le cumin et le gingembre râpé. Versez la crème ainsi obtenue dans la poêle et mélangez au jus de cuisson. ■ Laissez mijoter 3 mn en remuant de temps en temps jusqu'à ce que la sauce épaississe. ■ Ajoutez la pointe de piment antillais. Passez la sauce au chinois ou au tamis pour la débarrasser des ingrédients puis nappez le poulet de cette sauce lisse. Servez sans attendre avec la salade de fruits exotiques.

3. La salade de fruits exotiques*

■ Coupez les bananes en rondelles puis les kiwis et la mangue en fines lamelles. ■ Dans un bol, mélangez les fruits et ajoutez le jus du citron, le rhum, le miel et la pulpe des fruits de la passion. ■ Servez. ■ Le plat est délicieux. Le mélange salé, fruité et sucré est très agréable.

* *Cette recette provient de Miami en Floride mais est originaire de Cuba, où la plupart des plats sont à base de fruits.*

Poulet au citron vert

Colombo de lapin fermier
aux bélangères

pour **4** personnes

1 lapin (1,5 kg)
2 bélangères (aubergines)
1 courgette
1/2 poivron rouge
3 citrons verts
2 gousses d'ail
2 cs d'huile
1 cs de vinaigre
1 morceau de piment
1 râpure de gingembre
1 cc de cumin
1 paquet 1/2 de poudre à colombo
2 pieds de cive
1 brin de thym
1 brin de persil plat
2 feuilles de laurier
1 cs de Maïzena
Sel et poivre

- Videz, lavez et coupez le lapin en 8 morceaux.
- Mettez-les dans un récipient avec 1 pointe de sel, 1 pointe de poivre, le jus d'1 citron, 1 cs d'huile et laissez macérer toute une nuit pour que la chair soit moins fade.
- Hachez finement les herbes et réservez.
- Dans une casserole, mettez 1 cs d'huile, les épices et les herbes.
- Remuez le tout pendant 5 mn puis disposez les morceaux de lapin.
- Conservez le jus de la marinade. Remuez le tout. Laissez mijoter à feu moyen 10 minutes puis coupez les aubergines, la courgette et le poivron en gros dés et incorporez-les à la préparation.
- Recouvrez d'eau. Salez. Poivrez puis ajoutez enfin le jus de la marinade dans lequel vous mélangez le laurier, la poudre à colombo et le morceau de piment.
- Laissez mijoter 1/2 heure à feu doux en surveillant la cuisson.
- Lorsque le lapin est cuit, ajoutez le jus du 2e citron et retirez les morceaux de la casserole. Réservez.
- Passez la sauce au chinois (tamis) de manière à la débarrasser de tous les ingrédients.
- Disposez votre lapin sur un plat à servir.
- Épaississez légèrement cette sauce à l'aide d'un peu d'eau additionnée de *Maïzena* et du jus du 3e citron.
- Nappez le lapin de cette sauce et servez. Rectifiez le goût s'il manque du sel et du piment.

Aux Antilles, les aubergines sont appelées « bélangères » et leur robe est striée de vert tendre et de violet. La chair et le goût sont identiques à celles de l'aubergine que l'on trouve couramment en métropole.

Tronçon d'espadon grillé
à la « sauce chien »

pour **4** personnes

1 kg d'espadon

Marinade

4 citrons verts
2 gousses d'ail écrasées
1/4 de piment coupé en plusieurs morceaux
Sel et poivre

■ Nettoyez le poisson, ôtez les arêtes et citronnez-le de 2 jus de citrons. Coupez-le en 4 tronçons (ou 4 steaks de 250 g) que vous placez ensuite dans un grand saladier. Ajoutez l'ail écrasé, un demi-litre d'eau, le sel, le poivre et le jus des deux autres citrons. Mélangez le tout et laissez mariner pendant environ 6 heures au réfrigérateur.

Préparation

■ Au moment de la cuisson, égouttez le poisson, essuyez-le bien à l'aide d'un torchon. Attention : assurez-vous que les morceaux de piment ne sont pas collés sur le poisson, car ils ne servent qu'à parfumer la marinade. Passez un peu d'huile de chaque côté (facultatif). Faites-le griller sur un feu de bois ou un grill électrique, en le retournant de temps en temps pendant 3 mn sur chaque face jusqu'à ce qu'il soit doré. Réservez.

■ Dressez le poisson sur le plat de service et nappez-le d'une sauce créole appelée « sauce chien » *(voir recette en page 52)*. Placez un morceau de citron sur chaque part, agrémenté d'un petit bout de piment. Servez.

Dombrés aux poissons des îles

pour **4** personnes

200 g de requin (2 tranches ou darnes)
2 gambas
200 g de vivaneau (1 darne)
200 g de dorade coryphène (1 darne)
2 tomates
3 citrons verts
1 cs de concentré de tomates
1 oignon
2 gousses d'ail
2 cs d'huile d'arachide
1 pointe de piment antillais
2 pieds de cive
1 clou de girofle
1 pincée de « 4 épices »
1 pincée de cumin
200 g de farine
Sel et poivre

■ Hachez finement la cive, l'ail, l'oignon et mélangez-les aux épices (girofle, « 4 épices », piment, cumin).

■ Nettoyez les poissons, citronnez-les et coupez-les en tranches. Ôtez les arêtes autant que possible.

■ Nettoyez les gambas.

■ Dans une casserole, faites revenir dans l'huile les herbes et les épices ainsi que les tomates coupées en gros dés. Remuez le tout et laissez mijoter 5 mn puis ajoutez les gambas (étêtées et décortiquées si vous le désirez), le concentré de tomates et les poissons. Couvrez d'1/2 litre d'eau et laissez cuire 10 mn.

Préparation des dombrés

■ Dans un bol, travaillez la farine avec un peu d'eau et 1 pointe de sel pour obtenir une pâte très ferme. Façonnez de petites boulettes de pâte que vous roulez entre vos paumes de mains, et réservez.

■ Lorsque le poisson et les gambas sont cuits, retirez-les de la sauce. Laissez le jus sur le feu et versez y les boulettes de farine. Laissez cuire 10 mn en remuant de temps en temps.

■ Incorporez le poisson et les gambas et laissez mijoter la préparation à couvert pendant 2 mn sur feu doux.

■ Ajoutez le jus de 2 citrons et servez chaud.

Tronçon d'espadon grillé

Filet de vivaneau en court-bouillon créole

pour 4 personnes

1 kg de vivaneau coupé (en darnes ou en filets)*
2 tomates bien mûres
4 citrons verts
1 cs de roucou (sauce rouge des Antilles, fruit du Roucouyer) ou à défaut du concentré de tomates*
1 oignon
1 échalote
3 gousses d'ail
3 cs d'huile d'arachide
1 piment antillais
2 pieds de cive
1 brin de thym
2 brins de persil plat
2 feuilles de laurier
2 clous de girofle
Sel et poivre

■ Hachez finement les pieds de cive, le thym, le persil, le laurier, l'oignon, l'échalote puis réservez.
■ Écaillez et lavez le poisson.
■ Dans un bol, placez le poisson et versez le sel, le poivre, 2 gousses d'ail et le jus d'un des citrons. Recouvrez d'eau et laissez macérer 4 à 5 heures.
■ Dans une cocotte, mélangez l'huile, les épices hachées, les clous de girofle, le roucou, et les tomates coupées en petits dés. Faites revenir à feu vif pendant 5 mn, puis arrosez avec 1/2 verre d'eau. Disposez les darnes de poisson, recouvrez d'eau et laissez cuire à feu moyen pendant 10 à 12 mn. Hors du feu, mélangez une gousse d'ail écrasée avec le jus des 3 citrons restants et versez ce mélange dans la sauce. Servez chaud.

Accompagnement

Vous pouvez servir ce plat avec du riz créole (voir recette page 55), *de* l'igname *ou des bananes* Plantain (voir recette page 50).

Vin conseillé pour accompagner ce plat

Rosé de Provence ou vin blanc très frais.

* **Le vivaneau**, *appelé « Red snapper » aux USA, est un poisson à la chair ferme mais très savoureuse. On le pêche sur les côtes de la mer chaude des Caraïbes.*
* **Le Roucou** *est une plante tinctoriale dont se servaient les indiens d'Amérique (Amerindiens) pour s'enduire tout le corps d'où le nom de « peau rouge ».*

Court-bouillon de morue à l'antillaise

pour 4 personnes

1 kg de morue très épaisse
3 tomates
6 petits concombres antillais ou 6 gros cornichons frais ou 1/2 concombre en rondelles
2 citrons verts
1 échalote
3 gousses d'ail
Huile de friture
4 cs d'huile d'arachide
1 pointe de piment
2 brins de coriandre
3 pieds de cive
2 feuilles de laurier
2 cs de farine
Sel et poivre

■ Coupez la morue et faites quatre portions.
■ La veille, mettez la morue à dessaler dans 1 litre d'eau.
■ Le lendemain, dans une grande casserole, ajoutez encore 1 litre d'eau et faites cuire la morue. Quand l'eau commence à bouillir, changez l'eau. Répétez l'opération 2 fois de manière à dessaler la morue sans pour autant la rendre fade, en changeant l'eau à chaque fois. Réservez.
■ Dans une cocotte, faites revenir dans l'huile les pieds de cive, l'ail, l'échalote, la coriandre hachés, le laurier, les tomates et les concombres coupés en petits cubes. Laissez mijoter à feu doux pendant 5 mn dans 25 cl d'eau.
■ Farinez la morue et passez-la à l'huile de friture très chaude pendant 2 mn de chaque côté, de manière à raffermir la chair. Placez la morue dans la sauce. Ajoutez le jus des citrons et le piment, laissez mijoter 3 à 4 mn et rectifiez l'assaisonnement si nécessaire.
■ Dressez votre plat, parsemez de coriandre et servez.

Accompagnement : *Racines Pays (igname, fruit à pain, banane* Plantain*...).*

Filet de vivaneau

Blaff de poissons

pour **4** personnes

Cette recette peut se préparer avec toutes sortes de poissons mais aux Antilles, seuls les petits poissons des îles appelés « cocrelles » sont utilisés pour le blaff.

1 kg de dorade coryphène (ou poissons de votre choix)
5 citrons verts
150 g d'oignon
4 gousses d'ail
2 cs d'huile d'arachide
1 piment entier
2 pieds de cive
2 clous de girofle
2 brins de thym
1 brin de persil plat
2 feuilles de laurier
Sel et poivre

■ Écaillez, videz, lavez et citronnez les poissons. Vous pouvez aussi les étêter si vous n'aimez pas la tête (aux Antilles, on la conserve).
■ Placez-les ensuite dans un bol avec 1/2 litre d'eau salée, poivrée et le jus d'un citron. Laissez macérer pendant 4 à 5 heures *(voir recette de la marinade en page 32).*
■ Portez à ébullition 1/2 litre d'eau avec les herbes réunies en bouquet (pieds de cive, thym, laurier, persil) et les clous de girofle. Salez et poivrez.
■ Lorsque l'eau bout, jetez le (ou les) poisson(s). Ajoutez les oignons préalablement coupés en rondelles. Laissez cuire avec le piment entier, sans l'éclater, pendant 10 à 15 mn.
■ Hors du feu, ajoutez à cette préparation le jus des 4 citrons restants mélangé à l'ail finement haché et à l'huile. Versez cette préparation dans la sauce et servez chaud.

Accompagnement

Je vous suggère de l'igname, des ti-nain (voir recette en page 56) *ou du fruit à pain au gros sel.*

Ce plat est très apprécié des pêcheurs locaux qui le mangent le matin, avant de prendre la mer, accompagné d'un ti-punch appelé « Pété Pié ».

Daube de poissons à la créole

La daube de poisson se prépare avec toutes sortes de poissons exotiques (vivaneau, thon, espadon, requin, grande gueule, coulirou, balaou, poisson-chat, dorade coryphène, rose, grise, royale, etc.).

pour **4** personnes

1 kg de poisson
4 belles tomates
4 citrons verts
1 oignon
4 gousses d'ail
1 cs d'huile d'arachide
4 cs d'huile de friture
1 cc de saindoux
1 cc de beurre rouge (ou de concentré de tomates)
1 piment antillais
2 pieds de cive
1 brin de thym
1 brin de persil plat
2 feuilles de laurier
100 g de farine
Sel et poivre

Marinade (la veille)

■ Écaillez, nettoyez et citronnez le poisson avec 2 citrons verts.
■ Faites-le macérer pendant 24 heures avec une pincée de sel, du poivre, 2 gousses d'ail, le jus d'un citron, 1 verre d'eau *(voir recette de la marinade p.32)* et 1 morceau de piment.

Préparation

■ Faites chauffer l'huile de friture dans une poêle. Retirez les poissons de la marinade.
■ Épongez le poisson à l'aide de papier absorbant et réservez.
■ Étalez la farine sur un plan de travail et farinez les poissons méticuleusement.
■ Placez les poissons dans l'huile chaude et faites-les bien dorer de chaque côté pendant deux minutes, puis réservez.
■ Dans une casserole, mettez 1 cs d'huile d'arachide, le saindoux, le beurre rouge puis ajoutez toutes les herbes (thym, persil, laurier, pieds de cive, oignon) préalablement hachées.
■ Coupez les tomates en quartiers, et faites-les revenir à petit feu en remuant lentement et souvent, pour éviter qu'elles n'attachent. Lorsque le jus se forme, mettez les poissons dans la sauce et ajoutez 2 verres de jus de la marinade, le piment entier, le jus d'1 citron vert et les feuilles de laurier. Laissez mijoter 3 à 4 mn. Servez chaud.

Accompagnement

Riz créole (voir recette page 55) *ou Racines Pays. Vin blanc conseillé.*

Blaff de poissons

Fricassée de langoustes à l'antillaise

pour **4** personnes

*1 kg de jeunes langoustes** *(2 ou 3 petites « Brésiliennes »)*
2 tomates fraîches
4 citrons verts
2 cs de concentré de tomates
1 échalote
2 gousses d'ail
3 cs d'huile d'arachide
1 cs de fond de poisson en poudre
1 piment antillais
1 brin de coriandre
1 pincée de « 4 épices »
2 pieds de cive
3 brins de thym
2 feuilles de laurier
1 brin de persil plat
1 clou de girofle
1 cc de Maïzena
Sel et poivre

■ Sans retirer les carapaces, coupez les langoustes en rondelles de la tête à la queue et réservez.
■ Dans une grosse marmite, faites revenir, dans l'huile, les herbes (pieds de cive, thym, échalote, persil, coriandre) hachées finement, ainsi que les tomates fraîches coupées en cubes, le concentré de tomates, le sel, le poivre, les « 4 épices », le clou de girofle et les feuilles de laurier.
■ À l'aide d'une spatule en bois, remuez très lentement sur feu doux pendant 5 mn.
■ Ajoutez les morceaux de langouste et recouvrez d'eau. Ajoutez le piment entier, le jus des 3 citrons et couvrez. Laissez mijoter pendant 20 mn à feu doux. En fin de cuisson, la sauce doit devenir onctueuse. Hors du feu, rectifiez l'assaisonnement en rajoutant, si nécessaire, 2 gousses d'ail, et le jus d'un citron.
■ Épaississez en diluant la *Maïzena* dans 25 cl d'eau et ajoutez-la à la sauce sans cesser de remuer.

Accompagnement : *Riz créole* (voir recette p.55).

** Aux Antilles, ces petites langoustes appelées « Brésiliennes » sont goûteuses. Elles ont une chair très ferme et se dégustent grillées avec une sauce chien* (voir recette en page 52), *ou en fricassée.*

Sauté de crevettes au lait de coco

pour **4** personnes

Dans cette recette, il est impératif d'utiliser de la noix de coco fraîche : ne la remplacez surtout pas par de la noix de coco déshydratée. En revanche, vous pouvez utiliser du lait de coco non sucré vendu en boîte.

800 g de grosses crevettes crues (ou de gambas)
2 grosses tomates
1 noix de coco (ou 3 verres de lait de coco non sucré)
2 citrons verts
1 oignon
2 gousses d'ail
1 pointe de piment
2 brins de coriandre
1 râpure de gingembre
1 cs d'huile d'arachide
2 clous de girofle
1 brin de persil plat
1 brin de thym
Sel et poivre

■ Râpez la chair de la noix de coco et réservez.
■ Dans un saladier, mélangez la noix de coco râpée à 2 verres d'eau chaude puis pressez dans un torchon pour récupérer le lait. Vous pouvez, pour gagner du temps, utiliser du lait de coco, mais la recette perdra un peu de sa saveur. Et ce serait dommage.
■ Ébouillantez les crevettes puis rafraîchissez-les en les passant sous le robinet d'eau froide. Décortiquez-les en conservant les têtes (ceux qui le désirent peuvent les retirer). Dans un bol, assaisonnez les crevettes avec le jus d'un citron, du sel, du poivre et le gingembre râpé.
■ Dans une casserole, faites revenir dans de l'huile les tomates coupées en petits dés avec le thym, l'oignon, la coriandre, le persil haché, l'ail écrasé, le gingembre râpé, les clous de girofle moulus, du sel et du poivre. Ajoutez les crevettes, remuez le tout puis ajoutez le lait de coco et une pointe de piment. Laissez mijoter 2 à 5 mn. Ajoutez le jus de l'autre citron en fin de cuisson.

Présentation

Dans l'assiette, disposez les crevettes en bouquet. Passez la sauce au chinois et nappez-en les crevettes. Saupoudrez d'un mélange de coriandre et de persil finement haché.

Accompagnement : *Racines Pays ou riz créole* (voir recette en page 55).

Fricassée de langoustes

Steak de thon au chatrou

pour **4** personnes

800 g de thon ou d'espadon (ou 4 steaks d'environ 200 g)
*1 chatrou * (ou 1 pieuvre) de 500 g environ*
2 grosses tomates bien mûres
2 citrons jaunes
2 citrons verts
1 échalote
2 gousses d'ail
3 cs d'huile d'arachide
1 cs de beurre doux
1 piment antillais
1 râpure de gingembre
2 brins de coriandre
4 pieds de cive (ou 8 brins de ciboulette)
1 brin de persil plat
1 brin de thym
2 feuilles de laurier
1 cs de Maïzena
Sel et poivre

■ Nettoyez le chatrou en retirant les intestins et la poche d'encre qui se trouvent à l'intérieur, puis lavez-le dans un grand récipient rempli d'eau additionnée du jus des citrons jaunes. Si vous le désirez, enlevez la fine peau et les ventouses à l'aide d'un couteau (aux Antilles, on les conserve). Coupez-le en tout petits morceaux et réservez.
■ Hachez finement les pieds de cive, le persil, l'échalote, la coriandre, l'ail et la râpure de gingembre. Coupez grossièrement les tomates et réservez.
■ Dans une cocotte, saisissez les morceaux de chatrou dans 2 cs d'huile bien chaude. Ajoutez les 3/4 des herbes hachées ainsi que les feuilles de laurier, le thym, les tomates et couvrez de 25 cl d'eau.
■ Placez-y le piment entier sans l'éclater, salez et poivrez. Laissez cuire à feu moyen pendant 20 mn. Rajoutez un peu d'eau si nécessaire.

La farce

■ Retirez le chatrou du jus de cuisson et réservez ce dernier. Passez la chair au mixeur en y ajoutant 1 cs d'huile, de manière à obtenir une pâte lisse et fine. Ajoutez 1 ou 2 cs de jus de cuisson si nécessaire.
■ Réservez.

La sauce

■ Passez le jus de cuisson au chinois ou au tamis puis portez-le à ébullition dans une casserole. Ajoutez le beurre et battez énergiquement.
■ Diluez la *Maïzena* dans un peu d'eau et incorporez-la à la sauce. Ajustez l'assaisonnement en ajoutant, si besoin, du sel et du poivre. Remuez le tout et laissez un peu épaissir 1 à 2 mn. Hors du feu, ajoutez enfin le jus des 2 citrons verts.

La présentation et la cuisson

■ Coupez le poisson en 4 steaks de 200 g chacun. Dans l'épaisseur de chaque steak, coupez en faisant des entailles suffisamment profondes afin d'y introduire la farce, comme vous le feriez avec un sandwich. Salez, poivrez et réservez.
■ Ajoutez dans chaque steack le quart d'herbes hachées restant.
■ Dans une poêle, saisissez les steaks dans de l'huile bien chaude à feu vif, puis baissez le feu et laissez cuire 10 mn de chaque côté jusqu'à ce qu'ils soient bien dorés.

Présentation

Dans chaque assiette, disposez un steak et recouvrez-le de sauce.

Accompagnement

Riz créole (voir recette en page 55).

* *Le chatrou est une petite pieuvre des Antilles.*

Tarte au chocolat noir et à la noix de coco

pour **4** personnes

8 jaunes d'œufs
4 cs de rhum vieux
12 cs d'eau
100 g de beurre
4 cc de fécule de maïs
4 cs de sucre

Crème pâtissière au rhum

■ Dans un saladier, mélangez la fécule de maïs, le sucre, le rhum, l'eau, puis ajoutez les jaunes d'œufs. Faites cuire au bain-marie pendant 10 à 15 mn.

■ Hors du feu, incorporez doucement le beurre ramolli, à la préparation. Réservez au réfrigérateur pendant 2 heures.

2 cs de rhum vieux
4 cs d'eau
500 g de chocolat blanc

Crème au rhum et chocolat

■ Faites fondre au bain-marie le chocolat blanc avec l'eau et le rhum.

■ Mélangez doucement. Réservez au réfrigérateur pendant 2 heures.

7 cs de noix de coco râpée
175 ml de crème fraîche épaisse

Crème au coco

■ Poêlez la noix de coco pour la torréfier et mélangez-la à la crème fraîche.

1 pâte sablée
1 coulis de fruits de la passion
1 sauce chocolat noir
20 g de chocolat blanc

■ Étalez la pâte dans un moule à tarte préalablement beurré. Piquez-la avec une fourchette, puis enfournez-la et laissez cuire pendant 20 mn.

■ Une fois la pâte refroidie, démoulez-la, puis mélangez les 2 crèmes (la pâtissière au rhum et celle au rhum et chocolat), et versez sur la pâte.

■ Ajoutez une couche de crème au coco et parsemez de copeaux de chocolat blanc faits avec un économe. Laissez refroidir 2 heures au réfrigérateur.

Présentation

Dans une assiette à dessert, posez une part de tarte, garnissez selon votre goût d'un filet de sauce au chocolat noir et de coulis de fruit de la passion. Servez bien frais.

Comment ouvrir une noix de coco sans problème ? À l'aide d'un instrument pointu (par exemple un pic à brochette), percez l'un des trois « yeux » qui se trouvent en haut de la noix, et videz le jus par cet orifice. Soufflez ensuite dans la noix pendant une minute, et placez votre doigt sur l'orifice pour emprisonner l'air à l'intérieur. Donnez un ou plusieurs coups secs et énergiques sur la noix avec un marteau ou un rouleau à pâtisserie : la noix éclatera en plusieurs morceaux et sa chair se détachera facilement sans effort. Inutile de prendre le couteau après pour détacher la chair.

Blanc-manger coco

pour **4** personnes

4 jaunes d'œufs
1 noix de coco sèche
1/2 litre de lait entier
250 g de sucre de canne
1 cc d'extrait de vanille
1 pincée de cannelle
4 feuilles de gélatine
Le zeste d'un citron vert
Sel

Le blanc-manger coco est le dessert le plus apprécié aux Antilles, surtout lors des cérémonies telles que les baptêmes, les mariages… On peut le servir avec un sorbet au coco.

■ Coupez la chair de la noix en gros morceaux et passez-la au mixeur.

■ Faites fondre les feuilles de gélatine dans très peu d'eau à feu très doux et réservez.

■ Dans une casserole, faites cuire le lait en y ajoutant l'extrait de vanille, la cannelle et le zeste de citron.

■ Hors du feu, incorporez la chair de coco dans le lait bouillant et laissez refroidir.

■ Dans un bol, mélangez les jaunes d'œufs et le sucre. Battez énergiquement pour obtenir une crème presque blanche et onctueuse.

■ Placez un torchon dans le fond d'un saladier, versez le mélange lait et pulpe de coco et pressez bien le torchon de manière à récupérer tout le lait de coco.

Ensuite versez-le, petit à petit, sur les œufs puis incorporez la gélatine fondue. Remuez le tout et remettez à nouveau sur le feu. Laissez frissonner 2 à 3 mn et retirez du feu.

■ Dans un moule rectangulaire ou dans des moules individuels, versez la préparation et laissez refroidir, puis placez au réfrigérateur 1 h environ.

■ Démoulez et servez frais.

Tarte au chocolat noir

Brochettes aux fruits exotiques

en « coui »* de pastèque

pour **4** personnes

4 fruits de la passion
1 bouquet de menthe
2 oranges
Le zeste d'un citron vert
1 pastèque de taille moyenne
1 ananas
2 bananes
1 papaye
2 mangues
1 melon
2 kiwis
1 cs de beurre doux
10 cl de rhum vieux
3 cs de sucre de canne
1 cc de cannelle

■ Coupez la pastèque en deux parties.Creusez une moitié pour en faire un « coui ». Récupérez la chair, ôtez les pépins et réservez.
■ Épluchez tous les fruits et coupez-les en cubes. Sur des pics à brochette, enfilez les morceaux de fruits (y compris les cubes de pastèque) en variant l'ordre des couleurs, et en intercalant des feuilles de menthe. Réservez.
■ Dans une poêle, faites caraméliser le sucre de canne à feu doux et incorporez le beurre.
■ Ajoutez le jus des oranges, la chair des fruits de la passion, celle de l'autre moitié de la pastèque préalablement hachée, puis le zeste du citron.
■ Laissez cuire 5 à 8 mn à feu moyen en remuant de temps en temps.
■ Disposez les brochettes dans cette sauce et laissez cuire 2 à 3 mn en les retournant de chaque côté et souvent.
■ Lorsque les fruits sont légèrement ramollis, faites chauffer le vieux rhum dans une petite casserole, flambez-le et nappez-en les fruits.
■ Saupoudrez de cannelle en poudre.
■ Versez la sauce dans la demi-pastèque (coui), et disposez-y les brochettes.

** Le coui est le récipient obtenu à partir d'une calebasse (espèce de courge coupée en deux, vidée et séchée). Il est présent dans toutes les cuisines à la campagne.*

Pudding à la goyave

pour **4** personnes

400 g de goyaves fraîches de petite taille, pas trop mûres
3 œufs entiers
100 g de raisins de Corinthe
1 verre de rhum (4 cl)
1/2 litre de lait entier
180 g de sucre de canne
50 g de sucre semoule
200 g de pain rassis (par exemple de la baguette, mais pas de pain de mie, de pain de campagne, etc.)
1 cc d'extrait de vanille
1 pincée de cannelle moulue
1/4 de zeste de citron vert râpé
1 moule à cake ou manqué

■ Dans une casserole, couvrez les raisins avec un verre d'eau et le verre de rhum, et placez quelques minutes sur le feu. Laissez gonfler les raisins pendant 1 heure.
■ Faites bouillir le lait, ajoutez le sucre de canne, l'extrait de vanille, la cannelle. Versez le liquide sur le pain rassis préalablement cassé en petits croûtons.
■ Laissez reposer deux heures.
■ Préchauffez le four à 180/200° (th. 6 à 7).
■ Passez cette préparation au mixeur. Coupez les goyaves en fines lamelles, et ajoutez-les aux raisins gonflés de rhum.
■ Battez les œufs, incorporez-les à la préparation et mélangez bien le tout.
■ Avec les 50 g de sucre, caramélisez le fond du moule, puis versez la pâte.
■ Laissez cuire à feu moyen pendant 1 heure.
■ Avant de démouler, assurez-vous que le pudding est cuit (pour cela, enfoncez une pointe de fourchette au cœur du pudding : si elle ressort propre, c'est que le pudding est cuit).
■ Laissez refroidir avant de démouler.

Brochettes aux fruits exotiques

Tourment d'amour

pour **4** personnes

Il s'agit d'une spécialité de la région des « Saintes ».

Confiture de noix de coco

2 noix de coco
200 g de sucre de canne en poudre
1 bâtonnet de cannelle
1 gousse de vanille

■ Râpez la chair des noix de coco et mélangez tous les ingrédients de la confiture dans 1/4 de litre d'eau. Laissez cuire à feu doux pendant 20 mn ; la confiture est prête lorsque tout le jus s'est évaporé et que le coco devient presque brun.

Génoise

8 œufs
125 g de farine
250 g de sucre de canne en poudre
10 g d'extrait de vanille

■ Séparez les blancs des jaunes d'œufs et montez-les en neige.
■ Blanchissez au batteur les jaunes avec le sucre puis ajoutez la farine tamisée et l'extrait de vanille. Incorporez les blancs en mélangeant délicatement.
■ Réservez.

Crême pâtissière

1 moule à manqué
3 œufs
1 pâte sablée
50 cl de lait entier
50 g de farine
100 g de sucre de canne en poudre
2 gousses de vanille

■ Portez le lait, parfumé des gousses de vanille, à ébullition. Réservez.
■ Dans un saladier, mettez les œufs entiers avec le sucre de canne en poudre. Fouettez énergiquement 2 à 3 mn pour obtenir une crème presque blanche.
■ Ajoutez, dans ce saladier, la farine tamisée puis le lait.
■ Transvasez le tout dans une casserole et laissez cuire jusqu'à ce que la crème s'épaississe. Laissez refroidir puis incorporez à cette crème 300 g de confiture de coco.
■ Préchauffez le four à 180° (th. 6).

Montage et cuisson

■ Dans le fond d'un moule à manqué beurré et fariné, étalez la pâte sablée et piquez-la à l'aide d'une fourchette.
■ Versez la crème pâtissière au coco, puis la pâte génoise.
■ Enfournez 45 à 50 mn.
■ Laissez complètement refroidir, démoulez et servez.

Présentation

Dans une assiette, dressez une part de Tourment d'amour *et parsemez, selon votre goût, d'un peu de sucre de canne et de râpure de noix de coco.*

Conseil :

Vous pouvez utiliser une gousse de vanille pour plusieurs préparations.
Mettez la gousse entière dans une préparation puis récupérez-la. Essuyez-la et enrobez-la de papier absorbant puis mettez-la au congélateur. Elle vous reservira pour 2 ou 3 futures préparations.
La vanille a longtemps été considérée comme un aphrodisiaque. D'ailleurs, un médecin grec soignait les hommes impuissants avec des potions à base de vanille.

Charlotte aux fruits de la passion

pour **4** personnes

1 moule à charlotte ou
1 moule rectangulaire
1 kg de fruits de la passion
1 génoise plate (voir recette en page 46)
300 g de crème fleurette
150 g de sucre semoule
100 g de sucre de canne
6 feuilles de gélatine

- Ouvrez chaque fruit de la passion en deux.
- Videz sa chair et passez-la au mixeur.
- Mettez le sucre de canne et la chair dans une casserole. Portez à ébullition.
- Passez ce jus au tamis et réservez.
- Dans 1 verre contenant 4 à 5 cs d'eau chaude, faites fondre les feuilles de gélatine en remuant énergiquement.
- Dans le mixeur, montez la crème fleurette en chantilly (avec les 150 g de sucre semoule).
- Incorporez délicatement, à cette crème chantilly, la gélatine fondue et le jus de passion.
- Étalez votre génoise déjà cuite sur le fond du moule, puis versez la crème passion.
- Laissez reposer 2 ou 3 heures dans le réfrigérateur avant de servir.

Tarte tatin aux mangues

pour **4** personnes

La pâte brisée

1 œuf
50 g de beurre doux
150 g de farine
100 g de sucre de canne

- Dans un saladier, mélangez la farine, le sucre, le beurre, l'œuf et quelques cuillères à café d'eau. Roulez la pâte en boule et réservez-la au réfrigérateur pendant 1 heure.

La tatin

1 moule à tarte
1 kg de mangues mûres mais fermes
50 g de beurre doux
60 g de sucre de canne
1 pincée de cannelle

- Préchauffez le four à 200° (th.7).
- Pelez et coupez les mangues en grosses tranches.
- Portez 40 cl d'eau et une pincée de cannelle à ébullition. Faites cuire 1 à 2 mn les mangues dans ce sirop. Egouttez-les et conservez un peu du liquide.
- Faites caraméliser le sucre dans un moule à tarte préalablement beurré.
- Disposez les morceaux de mangues en cercles concentriques et parsemez de morceaux de beurre.
- Sucrez légèrement. Recouvrez de la pâte étalée et enfoncez les bords de la pâte entre les fruits et le moule. Piquez la pâte et enfournez. Laissez cuire 25 mn. Démoulez la tarte lorsqu'elle est complétement froide.

Le coulis

1 mangue
1 pincée de noix de muscade
1 gousse de vanille
50 g de sucre de canne
2 bâtons de cannelle

- Dans une casserole, faites bouillir pendant 10 mn la chair d'une mangue dans 1/4 de litre d'eau. Incorporez le sucre de canne, la vanille fendue, les 2 bâtonnets de cannelle et une pincée de noix de muscade.
- Laissez cuire pendant 10 mn à feu doux.
- Hors du feu, retirez la vanille et les bâtons de cannelle.
- Mixez finement les mangues cuites afin d'obtenir une purée liquide et lisse.

Présentation

Dans une assiette, dressez une tranche de tarte et accompagnez, selon votre goût, d'un peu de coulis de mangue.

Charlotte aux fruits de la passion

Ananas

Comment le choisir ?

La peau du fruit ne doit pas être tachée. Il doit être jaune en bas et d'une teinte légèrement verte en haut. Tâtez-le : il doit être ferme au toucher. Les feuilles de la couronne doivent se détacher facilement.

Avocat

Comment le choisir ?

Dans le cas des avocats des Antilles, la peau doit être lisse, bien verte et brillante. Il faut que le doigt s'enfonce à peine lorsque vous appuyez sur la peau. Secouez-le : vous devez entendre bouger le noyau ; c'est le signe que l'avocat est à point.

Pour les petits avocats que l'on trouve en métropole, la peau doit être uniforme. Le doigt doit s'enfoncer légèrement lorsque vous appuyez dessus, et avoir une consistance élastique.
Si votre doigt laisse une marque, c'est que l'avocat est trop mûr.

Il existe plusieurs variétés d'avocats. Il est donc important, avant de les acheter, de les tester afin d'éviter des surprises désagréables.

Banane Plantain

Comment la choisir ? À chacun son goût.

Si la peau est jaune, très orangée, à la cuisson la chair sera ferme et très peu sucrée.
En revanche si la peau est presque noire, à la cuisson la chair sera molle et très sucrée.

Comment la cuisiner ?

Pour 4 personnes : 4 bananes
Coupez les deux extrémités de chacune des bananes, cela sur 1 cm environ, et incisez leur peau sur toute la longueur. Portez 1/2 litre d'eau salée à ébullition et disposez les bananes. Lorsque la peau des bananes se détache, elles sont à point ! Égouttez-les et servez chaud en accompagnant de viande ou de poisson.
La banane Plantain*, lorsqu'elle est très mûre, peut être utilisée en dessert.*

Cristophine, dite aussi chayotte ou chouchou

Elle se consomme crue ou cuite, en gratin, en salade, etc.

Comment la choisir ?

La peau doit être lisse et brillante. Ne l'achetez pas si elle est flétrie.
Si elle bourgeonne, c'est qu'elle est impropre à la consommation. Vous pouvez néanmoins l'utiliser en plante d'appartement.
La cristophine se conserve au réfrigérateur.
Une fois cuite, vous devez la consommer immédiatement, car son goût se dénature très rapidement.

La cristophine est un légume qui convient aux régimes pauvres en calories ; elle est également bénéfique pour la tension : râpez sa chair, laissez-la tremper dans de l'eau bouillante, puis extrayez-en le jus en pressant la chair dans un linge. Buvez régulièrement le jus ainsi obtenu.
Râpée, sous forme de masque de beauté, elle purifie, embellit et décontracte la peau.
Cristophine, nom antillais est également appelée « chayotte » en métropole et « chouchou » à l'île de la Réunion. Elle a été baptisée « cristophine » après le passage de Christophe Colomb aux Antilles, pour immortaliser son prénom. Les feuilles de cristophine appelées « brèdes » sont consommées sous forme de légume. Elles sont très appréciées à la Réunion pour accompagner viandes, volailles et poissons.

Gombo

C'est le fruit d'une variété d'hibiscus à fleurs jaune soufre.

Comment le choisir ?

Il doit être ferme, bien vert et sans tache noire.
Choisissez un fruit dont vous pouvez aisément casser la tête ou la tige, sans que cette dernière résiste.
Il est surtout consommé en Afrique où il sert de base à beaucoup de plats.
En Afrique, on dit également que l'homme qui en mange trop, perd de sa vigueur… Attention messieurs !
Aux Antilles, il est recommandé aux femmes enceintes, car il facilite l'accouchement.

Mangue

Comment la choisir ?

La peau doit être lisse, colorée quelquefois de couleur uniforme puisqu'il y a plusieurs variétés de mangues. Pour bien la choisir, on enfonce le pouce sur la peau de la mangue. Si elle résiste, la mangue n'est pas mûre ; si elle s'enfonce légèrement, la mangue est à point. Si la trace du pouce reste enfoncée complètement dans la mangue, sans la blesser néanmoins, la mangue est trop mûre : ne l'achetez pas.

Manioc

Le manioc est à l'origine un tubercule toxique. Pour le rendre comestible, il faut en éliminer les racines et le jus laiteux qui contient du glucoside (substance toxique). Cependant, les légumes que vous trouvez sur les marchés de la métropole sont consommables : épluchez-les et cuisez-les de la même manière que des pommes de terre. Ce légume, une fois cuit, accompagne parfaitement un poisson ou une viande. On en extrait le tapioca, apprécié des bébés.

Comment le choisir ?

La peau rigide doit être brillante, sans point noir ni tache.

Racines Pays

Aux Antilles, on appelle Racines Pays les différentes tubercules (igname, fruit à pain, patate douce...) et tous les légumes locaux (banane verte, *Plantain*, ti-nain...).

Sauce créole appelée « sauce chien »

pour **4** personnes

2 citrons verts
1 oignon
1 échalote
2 gousses d'ail
3 cs d'huile d'arachide
1 pointe de piment antillais
3 pieds de cive
2 brins de persil plat
Sel et poivre

▪ Hachez finement les herbes au couteau (n'utilisez pas de mixeur).
▪ Dans un saladier, mélangez les herbes hachées, le sel, le poivre, l'huile, le jus des citrons et le piment que vous aurez passé au presse-ail.
▪ Portez 25 cl d'eau à ébullition et versez-les dans le saladier. Recouvrez et laissez infuser. Remuez et servez lorsque la sauce est froide.

Cette sauce est très appréciée aux Antilles. Elle accompagne bien toutes les grillades (viandes, volailles, poissons).

Sauce antillaise de Babette

pour **4** personnes

Je vous recommande d'accompagner vos plats d'été de cette sauce très rafraîchissante.

1/4 de poivron vert finement haché
2 citrons verts
2 oranges
1 oignon
1 échalote
2 gousses d'ail
3 cs d'huile d'arachide
1 cs de vinaigre balsamique
1 piment antillais
3 brins de coriandre hachés
2 pieds de cive
1 brin de persil plat
Sel et poivre

▪ Hachez finement les pieds de cive, l'échalote, le piment, le persil, la coriandre et le poivron puis l'ail et l'oignon au couteau (n'utilisez pas de mixeur).
▪ Dans un saladier, mélangez soigneusement les herbes hachées, le sel, le poivre, l'huile, les jus des oranges et des citrons, et le vinaigre. Portez 25 cl d'eau à ébullition et versez-les dans le saladier. Recouvrez et laissez infuser. Remuez et servez lorsque la sauce est froide, en accompagnement d'une salade, de riz, de poisson, de volaille. Chaude, vous pouvez également en napper une viande.

Sauce crudités de Babette

pour **4** personnes

Cette sauce s'adapte à toutes sortes de crudités.

1 orange
1 citron vert
1 cs d'huile d'olive
2 cs de vinaigre balsamique
2 brins de coriandre hachés finement
2 cc de miel (de votre choix)
1 cs de vinaigre de Xérès
Sel et poivre

▪ Versez le miel dans un saladier en verre. Faites-le tiédir au bain-marie (ou au four à micro-ondes) pour le liquéfier. Ajoutez ensuite l'huile, le vinaigre, la coriandre, le sel et le poivre. Remuez le tout et terminez par les jus d'1/2 orange et d'1/4 de citron.
▪ Nappez-en immédiatement vos crudités.
▪ Ce mélange sucré-salé, légèrement tiède, parfumera agréablement votre salade.

Un petit conseil : servez votre salade parsemée de copeaux de parmesan. Un véritable régal !

Sauce créole

1kg
CiTRON Espagne
€ 2,00
Golden
02,70 €

Riz créole

pour 4 personnes

200 g de riz long blanc ou de riz thaï
1 cs d'huile d'arachide
1 pincée de sel

- Lavez et rincez soigneusement le riz. Versez-le dans une casserole et recouvrez d'eau jusqu'à la hauteur d'un demi-petit doigt au-dessus du riz.
- Ajoutez le sel, remuez et laissez cuire à feu moyen et à couvert pendant 10 à 12 mn jusqu'à ce que toute l'eau ait été absorbée par le riz.
- Incorporez l'huile en fin de cuisson.

Consommé de haricots rouges

et queues de porc demi-sel

pour **4** personnes

300 g de queues de porc
250 g de haricots rouges
2 gros oignons
2 gousses d'ail
1 pointe de piment
2 cs d'huile d'arachide
2 pieds de cive
2 clous de girofle
1 brin de thym
3 feuilles de laurier
Sel et poivre

- La veille, dessalez les queues de porc et faites tremper les haricots toute la nuit dans 4 litres d'eau, de manière à les faire gonfler et à faciliter la cuisson.
- Le jour-même, placez la casserole contenant les haricots sur feu moyen et laissez cuire 1 heure 1/2 dans leur eau de trempage.
- Ajoutez les queues de porc préalablement coupées en rondelles, les herbes en bouquet (cive, thym et laurier), l'huile et les clous de girofle, et laissez cuire encore 1 heure à feu moyen en remuant de temps en temps.
- Les haricots doivent être crémeux.
- Rajoutez un peu d'eau si nécessaire.
- Salez, si besoin est, poivrez et ajoutez une pointe de piment.

En métropole, les queues de porc sont demi-sel, donc beaucoup moins salées que celles que l'on trouve aux Antilles. Il convient donc de ne pas trop les dessaler.

Bananes vertes « ti-nain au gros sel »

pour **4** personnes

Aux Antilles, la banane est d'abord un légume avant d'être un dessert. Ainsi la banane que l'on trouve en métropole est appelée « ti-nain » ou « ti-figue » lorsqu'elle est verte.

1 kg de bananes très vertes
1 citron vert
1 cs d'huile d'arachide
1 pincée de gros sel

- Passez de l'huile sur vos mains afin d'éviter que la sève de la banane ne les noircisse et lavez les bananes pour les débarrasser de la sève qui coule parfois sur la peau.
- Avec un couteau, fendez la peau des bananes dans le sens de la longueur.
- Épluchez chaque banane et plongez-les sans attendre dans de l'eau additionnée de jus de citron pour éviter qu'elles ne noircissent.
- Dans une casserole, portez 1/2 litre d'eau salée à ébullition.
- Lorsqu'elle bout à gros bouillons, mettez les bananes. Laissez cuire 15 à 20 mn.
- Ôtez du feu et laissez les bananes dans leur eau, de manière à conserver leur tendresse et leur moelleux.
- Égouttez-les quelques minutes avant de passer à table.

Cette préparation accompagne à merveille les viandes, les poissons et les tripes à la mode antillaise.
La banane verte, excellent légume, se transforme en dessert lorsqu'elle est bien mûre.

Consommé de haricots rouges

Punch Babette

par personne

5 cl de rhum blanc
5 cl de triple sec
5 cl de liqueur de mandarine
1 cs de sirop de grenadine
1 cs de sirop de mandarine
1 morceau d'orange
1 morceau de citron vert
De la glace pilée

■ Versez tous ces ingrédients, un à un, dans un grand verre sans remuer et terminer par la glace pilée. La présentation est belle et... c'est bon !

Ti-punch, punch traditionnel

par personne

2 cl de sirop de canne ou 2 cc de sucre de canne
1/4 de citron vert
4 cl de rhum blanc agricole
Quelques glaçons si vous le souhaitez

■ Dans un verre, mettez les ingrédients puis pressez le citron et remuez.

Le ti-punch est le symbole de l'hospitalité antillaise. Il se sert toujours dans un « petit » verre. C'est de là que le « ti-punch » tire son nom.

Planteur

pour **8** personnes

1/4 de litre de jus de goyave
1/4 de litre de jus de fruits de la passion
1/4 de litre de rhum blanc agricole
1/4 de litre de jus d'ananas
1/4 de litre de jus de banane
*1 cs d'*Angustura ou de Martini rouge *à défaut*
1 pincée de cannelle
Quelques zestes d'orange et de citron vert
2 cs de sirop de grenadine
3 cs de sirop de canne
1 orange

■ Dans une jatte, versez tous les jus, ajoutez les sirops, les épices et l'orange en rondelles. Remuez le tout. Agitez bien et conservez au réfrigérateur.
■ Le planteur se sert frais.

Caresse antillaise

pour **8** personnes

1/4 de litre de jus de goyave
1/4 de litre de jus de banane
1/4 de litre de jus de fruits de la passion
1/4 de litre de jus d'ananas
3 cs de sirop d'orgeat
3 cs de grenadine.

■ Mélangez le tout dans une jatte et servez frais.

Punch Babette

Punch coco

pour **4** verres

4 noix de coco
1/2 litre de rhum blanc
1/4 de litre de sirop de canne
1 gousse de vanille
1 pincée de cannelle
1 pincée de muscade

- Râpez finement les noix de coco. Arrosez d'un 1/2 litre de rhum. Puis pressez le mélange dans un linge pour extraire tout le jus.
- Ajoutez ensuite les épices et le sirop de canne.
- Laissez reposer 3 à 4 jours avant de déguster.

Le punch coco se boit frais mais sans glaçons.

Jus de maracudja

pour **4** verres

200 g de fruits de la passion
2 cs de sirop de canne
Quelques glaçons

- Coupez chaque fruit en deux, enlevez-en la chair et réservez.
- Mettez ensuite dans un mixeur 2 cs de sirop de canne et la chair du fruit.
- Ajoutez quelques glaçons, 3 verres d'eau et broyez.
- Passez le tout dans un torchon ou au tamis et pressez bien pour extraire le jus.
- Servez frais.

Cocktail aphrodisiaque de Babette

pour **4** verres

1 râpure de noyau d'avocat
2 graines de coriandre broyées
1 brin de coriandre mixé
2 râpures de gingembre
2 cs de miel (de votre choix)
1 gousse de vanille
1 pincée de muscade
1 pincée de cannelle
1 verre de rhum blanc ou 1 verre de vin blanc selon votre goût (20 cl)
1 râpure de Richeria grandis *appelé communément « bois-bandé »*

- Mélangez tous les ingrédients dans un bocal.
- Laissez macérer 2 à 3 jours au soleil si possible.
- Puis passez le tout au tamis et enfin savourez... Sans en abuser.
- Pour obtenir la râpure de noyau d'avocat, mettez à nu le noyau en le débarrassant de son enveloppe marron, et râpez le noyau. La quantité nécessaire est équivalente à 1 petite cuillère à café.

Comment coupe-t-on le citron aux Antilles ?
Pour en tirer le maximum de jus, coupez-le en 4 quartiers dans le sens de la longueur et non dans l'autre sens.

Punch coco

Beauté et Santé

Ananas

Épluchez un ananas bien mûr et passez-le au mixeur avec 2 verres d'eau pour en faire un jus que vous consommerez tous les matins au petit déjeuner. Ce fruit est recommandé dans le cadre d'un régime amincissant, car la bromeline qu'il contient favorise la digestion et « mange » les graisses. Consommez-le cru : en effet, lorsqu'il est bouilli, le fruit perd sa bromeline. L'ananas est également un puissant reminéralisant ; réduit en jus frais, il est recommandé pour la croissance des enfants. Aux Antilles, on a recours à l'ananas vert sous forme d'infusion pour interrompre les grossesses.

Avocat

Faites-vous un masque de beauté. Prenez un avocat bien mûr, épluchez-le et récupérez sa chair. Dans le bol d'un robot, versez la chair, le jus d'un citron vert et d'un œuf entier. Mixez-le longuement jusqu'à obtenir une pâte très lisse. Appliquez cette pâte sur la peau comme une crème et laissez reposer 20 mn : votre peau sera superbe et lisse. Vous pouvez conserver cette pâte au réfrigérateur.

Cristophine

Avec la cristophine, vous pouvez préparer une lotion faciale, fortifiante. Râpez-la et réservez la pulpe râpée dans un torchon. Ajoutez 1 petit verre d'eau minérale et pressez le torchon pour extraire le suc de la cristophine. Le matin au réveil, nettoyez votre peau à l'aide d'un coton imbibé de cette eau fortifiante.

Fleurs de papayer

Pour lutter contre les rhumatismes, faites macérer les fleurs mâles dans du rhum et frictionnez-en les membres douloureux.

Fruits de la passion

Les graines du fruit, broyées et infusées, constituent un excellent vermifuge.

Goyave

Elle a des vertus anti-diarrhéiques : mangez 2 ou 3 goyaves dans la journée et faites infuser les feuilles de goyavier pour obtenir une tisane que vous boirez le soir.

Pastèque

Videz une pastèque et ôtez-en les graines, puis passez la chair au mixeur : vous obtiendrez une boisson excellente, dotée de propriétés diurétiques.

Riz

Faites cuire le riz préalablement lavé et rincé. L'eau de cuisson légèrement sucrée, versée dans un biberon, est un remède efficace contre la diarrhée des nourrissons.

Romarin

Cet arbrisseau aromatique, bien connu aux Antilles et dans le sud de la France, est un antispasmodique qui calme les contractions et les spasmes digestifs. Pendant les périodes d'examens, les familles antillaises font boire à leurs enfants des infusions de romarin, qui fortifient la mémoire et la vue. Il est également utilisé comme aromate dans les mets cuisinés et en pharmacie comme baume et comme désinfectant.

Tomate verte

La tomate verte est un remède efficace contre l'eczéma : écrasez-la avant d'appliquer la purée sur les lésions. Répétez l'opération jusqu'à complète guérison.

Table des matières

Abréviations

cc = cuillère à café
cs = cuillère à soupe
m = mètre